Stimmen zu diesem Buch

Ich kenne Joe und Stephanie seit mehr als zwanzig Jahren und habe etliche Male mit ihnen bei Eheseminaren gedient. Das Zeugnis ihrer, trotz aller Widrigkeiten, wiederhergestellten Ehe ist extrem stark und wirklich erfrischend. In der heutigen Scheidungs-Kultur ist es sehr ermutigend, von einer Ehe zu lesen, die durch Gottes Wirken geheilt und wiederhergestellt wurde, obwohl niemand dies für möglich gehalten hätte.

Wenn Sie in Ihrer Ehe ebenfalls zu kämpfen haben, wird dieses Büchlein Sie auf großartige Weise in Ihrem Glauben stärken, dass unser lebendiger Gott auch Ihre Ehe auf übernatürliche Weise heilen kann, so wie Er es bei Joe und Stefanie getan hat. Außerdem möchte ich Sie ermutigen, nicht nur an Ihre eigenen Eheprobleme zu denken, sondern stets ein paar Exemplare dieses Buches der DeMotts zur Hand zu haben, um sie auch an andere Paare in Not weitergeben zu können.

Craig Hill
Gründer von Family Foundations International
www.familyfoundations.com

In diesem Büchlein haben Joe und Stephanie die wunderbare Heilung ihrer Persönlichkeiten, ihrer Ehe und ihrer Familie zusammengefasst. Ihre weltweiten Vorträge über die wunderbare Veränderung und Wiederherstellung ihres Lebens, ihrer Ehe und ihrer Familie haben bereits vielen Menschen Hoffnung gegeben. Mit großer Transparenz berichten sie von dem Prozess ihrer Heilung durch Gottes Gnade und den Glauben an Sein Wort. So wurden über die Jahre viele berührt und in ihren Herzen neue Hoffnung geboren und sie durften selbst ähnliche Wunder in ihren Leben, Ehen und ihren Familien erleben. Unser und ihr Gebet ist es, dass es dem Herrn gefallen möge, durch das Zeugnis von Joe und Stephanie dieselbe Hoffnung, denselben Glauben und dieselbe Heilung in den Herzen von Menschen zu erwecken, dass „bei Gott alle Dinge möglich sind".

Lou Montecalvo
Gründer und leitender Pastor von Redeemer Ministries
www.redeemertemple.com

Wir lernten Joe und Stephanie DeMott vor einigen Jahre kennen, als wir für eine christliche Organisation im Einsatz waren, mit der wir zusammenarbeiten. Obwohl jede Geschichte einer geheilten Ehe einzigartig ist, so ist doch unser und ihr Weg zu Wiederherstellung und Heilung in vielerlei Weise sehr ähnlich. Bei verschiedenen Gelegenheiten verbrachten wir viel Zeit damit, uns über unsere Erfahrungen auszutauschen und Gott für das zu preisen, was Er in unseren Leben getan hat und vor allem für die Wiederherstellung unserer Ehen.

Joe und Stephanie können ein überzeugendes Zeugnis von dem ablegen, was Gott in völlig kaputten Ehen tun kann, solange zumindest der Mann oder die Frau an ihrem Bund festhält und zu ihrem Eheversprechen steht. Ihr Engagement für Heilung und Wiederherstellung von Ehen - nicht nur ihrer eigenen, sondern aller Ehen, mit denen sie in Berührung kommen - ist eine Berufung Gottes. Sie sind in der Tat Ehemissionare für die ganze Welt.

Lesen Sie dieses Büchlein nicht wegen der hässlichen Umgangsweisen inmitten von Ehestreit, sondern erkennen Sie während des Lesens wie wunderbar Gott Joe und Stephanie am Rand des Abgrunds abgeholt und mit Seinem Schutz, Seiner Wegweisung und durch Seine Bewahrung zurück geholt hat.

Rex und Carolyn Johnson
Leiter – Covenant Keepers Inc.
www.covenantkeepersinc.org

Über viele Jahre habe ich viele Zeugnisse darüber gehört, wie Ehen gerettet wurden. Die Geschichte von Joe und Stephanie ist allerdings eine der dramatischsten. Die Wandlung von Missbrauch und Ehebruch hin zu Liebe und einem starken Ehebund ist wirklich ein Wunder Gottes. Ich bete, dass das Lesen dieses Büchleins für viele Ehepaare in einer ähnlich zerrütteten Situation zu einem Wendepunkt wird, denn Gott ist in der Tat in der Lage, Tote aufzuerwecken!

R. Loren Sandford,
Leitender Pastor bei New Song Church and Ministries (Denver, Colorado), Autor mit prohetischen Gaben und Sprecher auf Konferenzen
www.newsongchurchandministries.org

Hesekiel 37, 1 -10 (Schlachter 2000 Übersetzung)

1 Die Hand des HERRN kam über mich, und der HERR führte mich im Geist hinaus und ließ mich nieder mitten auf der Ebene, und diese *war* voller Totengebeine. 2 Und er führte mich ringsherum an ihnen vorüber; und siehe, es *waren* sehr viele auf der Ebene; und siehe, sie *waren* sehr dürr. 3 Da sprach er zu mir: Menschensohn, können diese Gebeine wieder lebendig werden? Ich antwortete: O Herr, HERR, du weißt es! 4 Da sprach er zu mir: Weissage über diese Gebeine und sprich zu ihnen: Ihr verdorrten Gebeine, hört das Wort des HERRN! 5 So spricht GOTT, der Herr, zu diesen Gebeinen: Seht, ich will Odem in euch kommen lassen, dass ihr lebendig werdet! 6 Ich will euch Sehnen geben und Fleisch über euch wachsen lassen und euch mit Haut überziehen und Odem in euch geben, dass ihr lebendig werdet; und ihr werdet erkennen, dass ich der HERR *bin!* 7 Da weissagte ich, wie mir befohlen war, und als ich weissagte, entstand ein Geräusch, und siehe, eine Erschütterung, und die Gebeine rückten zusammen, ein Knochen zum anderen. 8 Und ich schaute, und siehe, sie bekamen Sehnen, und es wuchs Fleisch an ihnen; und es zog sich Haut darüber; aber es *war noch* kein Odem in ihnen. 9 Da sprach er zu mir: Richte eine Weissagung an den Odem; weissage, Menschensohn, und sprich zum Odem: So spricht GOTT, der Herr: Odem, komme von den vier Windrichtungen und hauche diese Getöteten an, dass sie lebendig werden! 10 So weissagte ich, wie er mir befohlen hatte. Da kam der Odem in sie, und sie wurden lebendig und stellten sich auf ihre Füße — ein sehr, sehr großes Heer.

Wir sprechen Ihnen zu, dass Ihre Ehe genauso wieder geheilt und belebt wird!

Erlösung

Von
Joe und Stephanie DeMott

Eine Geschichte von Bund, Glaube, Gnade und Barmherzigkeit

2. Korinther 2,14:

Gott aber sei Dank, der uns allezeit in Christus triumphieren lässt und den Geruch seiner Erkenntnis durch uns an jedem Ort offenbar macht!

Erlösung

Dieses Büchlein ist bewusst so geschrieben, dass jeder von uns für sich schildert, wie wir die verschiedenen Situationen auf unserem Weg erlebt haben. Es gibt so viele Ehepaare, die in einer schwierigen Situation sind und dringend Antworten benötigen. Deshalb wollen wir Sie ermutigen, sich direkt an Gott zu wenden, um wirkliche Antworten zu bekommen. Schließlich kennt niemand Ihren Ehepartner besser als Er! Niemand wünscht sich mehr, dass Sie geheilt werden als Er! Wir hoffen, dass unser Zeugnis Ihnen zur Hoffnung und zur Ermutigung wird, egal wie Ihre Ehe gerade aussieht.

1. Mose 2,23:
Da sprach der Mensch: Das ist endlich Gebein von meinem Gebein und Fleisch von meinem Fleisch! Die soll »Männin« heißen; denn vom Mann ist sie genommen!

<u>Joe</u>: In *Offenbarung 12,11* sagt die Bibel: *„Und sie haben ihn überwunden wegen des Blutes des Lammes und wegen des Wortes ihres Zeugnisses..."* Wir möchten, dass Sie wissen, dass Gottes Wort wahr ist. Das, was Er bei uns verändert hat, kann Er auch in Ihrer Ehe verändern - davon sind wir überzeugt. Er möchte heile Beziehungen und von Freude erfüllte Ehen und nicht, dass wir ohne jede Hoffnung einfach nur zusammenhalten. Gott möchte unsere Herzen mit Liebe erfüllen und uns täglich neu erfrischen. Wir

wissen, wovon Er uns geheilt hat – und dasselbe kann Er auch für Sie tun.

Offenbarung 12,11:
Und sie haben ihn überwunden um des Blutes des Lammes und um des Wortes ihres Zeugnisses willen und haben ihr Leben nicht geliebt bis in den Tod!

Stephanie: Gottes Wort sagt uns klar und deutlich, dass es bei Ihm kein Ansehen der Person gibt. Wie Joe oben bereits gesagt hat, haben wir erlebt, dass Gott dasselbe wie bei uns, auch im Leben vieler anderer getan hat. Er wünscht sich, dass die, die leiden, geheilt werden. Wenn Sie eine Person kennen, die gerade in einer Situation mit viel Leid steckt und alle Hoffnung aufgegeben hat, geben Sie dieses Büchlein an sie weiter, damit sie neuen Mut schöpft.

Als wir uns kennenlernten – das hat Joe bereits beschrieben – war ich gläubig, er aber nicht. Unsere Beziehung begann also als ungleiches Gespann. In der Bibel finden wir die ganz klare Aussage, dass Licht und Finsternis eindeutig nichts miteinander zu tun haben. Deshalb sind wir durch Gottes Wort dazu angehalten, uns einen Ehepartner auszuwählen, der ebenfalls an Jesus glaubt. Manch einer fragt sich vielleicht, was genau es bedeutet, „gemeinsam an einem Joch" zu ziehen. Es bedeutet, einen gemeinsamen Nenner zu haben: Jesus Christus als persönlichen Retter zu kennen. Das war in unserer Beziehung nicht der Fall.

2. Korinther 6,14:
Zieht nicht in einem fremden Joch mit Ungläubigen! Denn was haben Gerechtigkeit und Gesetzlosigkeit miteinander zu schaffen? Und was hat das Licht für Gemeinschaft mit der Finsternis?

<u>Joe</u>: An einem ungleichen Joch gezogen zu haben, war das erste, für das wir Buße tun mussten. Es war schwer, so weit zu gehen und Buße dafür zu tun, überhaupt geheiratet zu haben. Zudem hatten wir bereits vor unserer Hochzeit sexuellen Kontakt miteinander. Beides war Sünde und der schlechteste Grundstein für eine Beziehung. Ein Mangel an Respekt für den jeweils anderen resultierte daraus. Vielleicht hätten wir besser nicht heiraten sollen, zumindest wissen wir, dass es ganz sicher falsch war, solange ich noch nicht gläubig war. Doch nun leben wir im Ehebund und müssen ihn erfüllen.

Zu der Zeit, als unsere Liebesbeziehung begann, war Stephanie gläubig. Ich hielt mich auch für gläubig. Ich dachte, ich wusste, wer Jesus war und auch wer Gott war. Ich war in einem religiösen Elternhaus aufgewachsen, hatte aber nie eine persönliche Beziehung zu Jesus. Ich begann eine Ausbildung bei der Polizei. Ich hatte die Vorstellung, der Gesellschaft einen Dienst zu erweisen, gerettet zu sein und sicher in den Himmel zu kommen. Ich ging zu Beerdigungen von Polizisten, wo ich genau das hörte: „Wenn du ein Polizist bist, kommst du in den Himmel." Nach dem Motto: Seht, dieser Mann hat seine Pflicht getan; nun kommt er in den Himmel.

Genau das habe ich geglaubt. Ich dachte, meine Taten würden mich in den Himmel bringen.

Allerdings hatte ich während der ersten Jahre unserer Ehe begonnen, Stephanie zu missbrauchen. Eigentlich hatte der Missbrauch bereits vor unsere Ehe begonnen. Ich missbrauchte sie physisch, mental und emotional.

Durch meine Zugehörigkeit zur Polizei hatte ich natürlich stets eine Waffe zur Hand und ich bedrohte tatsächlich Stephanie damit. Ich drohte ihr, sie zu töten, ich drohte damit, mich selbst zu töten – nur um eine Reaktion von ihr zu bekommen. Irgendetwas in meinem Leben fehlte, wonach ich mich extrem sehnte. Zu jener Zeit wusste ich noch nicht, was es war. Jetzt allerdings, in der Rückschau, ist ganz offensichtlich, dass es die Liebe des Herrn war, die mir fehlte. Weil ich mehr wollte und mein Leben kontrollieren wollte, tat ich meiner Frau diese schlimmen Dinge an. Ob man es glaubt oder nicht, ich realisierte noch nicht einmal, wie sehr ich ihr mit all dem wehtat.

<u>Stephanie:</u> Jeder von uns hat tief in seinem Herzen den Wunsch, geliebt zu sein. Jeder von uns möchte sich von jemandem gewollt und angenommen wissen. Wenn man eine Beziehung beginnt, in der es so viel Ablehnung gibt, ist es schwer, Hoffnung zu haben. Jetzt wollen wir jedoch bekannt machen, dass Gott abgelehnte Menschen auffangen und ihnen Liebe ins Herz geben kann. Er gibt ihnen die Liebe des Herrn, entfernt alle Ablehnung von ihnen und

gibt ihnen Liebe. Der Herr bezahlte den Preis für uns. Er ertrug die Ablehnung für uns, so dass wir sie nicht zu fühlen und darunter zu leiden haben zu müssen. Wie Joe bereits schrieb, waren wir zwei völlig verschiedene Menschen. Wir waren in vielerlei Weise so gegensätzlich. Joe war sehr offen und direkt. Ich war sehr schüchtern und introvertiert. Ich hatte nie wirklich gewusst, wie ich mit dem umgehen sollte, was in unserer Ehe vor sich ging. Der Missbrauch und die Gewalt passierte vor den Augen unserer drei kleinen Kinder. Ich hatte bereits acht Jahre lang gebetet, dass Gott Joe retten möge, dass Jesus unsere Leben verändern möge. Ich betete um Wiederherstellung. Ich betete, dass Joe Christ werden möge – aber als wir geheiratet hatten, habe ich dies nicht nach Gottes Willen getan. Ich tat es, weil mir danach war. Die Bibel sagt uns, dass es nur einen Weg gibt. Und das ist, es nach Gottes Willen zu tun. Folgen wir nicht Seinem Weg und machen unsere eigenen Sachen, dann betteln wir geradezu nach Problemen.

Sprüche 14,12:
Mancher Weg erscheint dem Menschen richtig, aber zuletzt führt er ihn doch zum Tod.

Ich hatte die Vorstellung: „Okay, ich werde glauben. Ich werde Joe heiraten und er wird errettet werden, eben weil ich glaube." Als das während meiner Zeitvorstellung nicht passierte, begann ich wirklich zu grollen. Gegen Joe, gegen unsere Kinder und schließlich auch gegen Gott. Oftmals können wir nicht zugeben, dass wir wütend auf

Gott sind. Er kennt unser Herz. Er weiß bereits, dass wir wütend auf Ihn sind. Wenn Sie sich in so einer Position befinden, ist es nötig, dass Sie Ihr Herz öffnen. Tun Sie Buße, so dass der Feind keine Chance hat, einzudringen und Sie zu schlimmerer Sünde zu verführen. Das nämlich passierte mir, als sich mein Herz verhärtete. Über die Jahre des Missbrauchs verhärtete ich Schicht für Schicht immer mehr. Bald war ich voller Groll gegen Gott. Ich ärgerte mich, weil Gott nicht hörte und nicht antwortete, wann und wie ich es wollte. Mein Groll steigerte sich so sehr, dass ich Gott den Rücken zukehrte und mich einem weltlichen Leben zuwandte. Mein Weg führte mich in Drogen, Alkohol und bis in den Ehebruch. Ich verlor alles, was ich beim Herrn jemals hatte und vor allem meine Beziehung zu Ihm. Ich war wirklich an einem absoluten Tiefpunkt angelangt.

Joe: Stephanie erzählt davon, dass sie in Ehebruch verstrickt war. Nun ja, in meiner Situation war auch ich in Ehebruch verstrickt. Ich ging den weltlichen Weg. Ich folgte den Wegen der Welt und möglicherweise dachte ich, ich müsste es wegen meines Berufes so tun. Es war reines Macho-Gehabe. Es gab Gruppenzwang von einigen. Es gab Dinge, die sich so anfühlten, als müsste ich sie tun, um akzeptiert zu werden. Das wollen wir doch alle. Wir alle wollen akzeptiert werden – von den Menschen in unserem sozialen Umfeld oder von denen, die wir lieben. Das war etwas, in das ich hineingeraten bin. Und es ist etwas, das wir heute so häufig sehen, nicht nur in der Welt, sondern auch im Leib Christi. Der Feind benutzt Sünde, um Ehen auf so viele Arten auseinander zu reißen. Unsere Botschaft heute ist: Egal, ob es sich um Ehebruch oder Missbrauch handelt, das Blut Jesu kann diese Sünden bedecken, den Schmerz bedecken und wird Sie heilen.

Stephanie beschreibt, wie sie durch all den Schmerz musste. Wenn ich zurückblicke, kann ich nur erneut sagen, dass ich nicht wirklich gewusst habe, wie zerstörerisch die Dinge, die ich getan habe, für unsere Ehe gewesen sind. Ich arbeitete viel; ich brachte auch gutes Geld mit nach Hause. Ich dachte, das würde mein Leben glücklich machen, meine Frau glücklich machen. Ich dachte, die Versorgung machte mich zu einem guten Ehemann. Ich wusste nicht, wie wichtig es war, meine Familie geistlich zu ernähren und welchen Schaden ich anrichtete. Ich dachte, Geld wäre alles, was zur Versorgung nötig war.

Stephanie: Das eigentliche Problem war, dass Joe keine persönliche Beziehung zum Herrn hatte Es ist ein Unterschied, ob man sich auf seine Taten beruft, so wie Joe es oben beschrieben hat, oder ob man tatsächlich Jesus als seinen Erlöser kennt. Weil Joe Jesus nicht als seinen Retter hatte, wusste er nicht, wie er das Oberhaupt unseres Hauses sein konnte. Er wusste nicht, wie er mich in der Weise schützen und abdecken konnte, wie es uns das Wort in *Epheser 5,22-33* sagt. Ein Mann soll über seiner Frau ein

Schutzschirm sein. Ohne sich zuerst Jesus zu übergeben, kann er nicht der nötige Schirm und der Schutz für die Familie sein. Durch Joes Beruf, in dem er so viel mit dämonischen Dingen auf der Straße umgehen musste, begann er bald, diese Dinge mit nach Hause zu bringen. Gewalt wurde ein Teil von ihm. Es gab keine Trennung mehr zwischen zur Arbeit gehen und nach Hause kommen. Alles verschmolz miteinander. Es führte dazu, dass wir uns mit unserer Ehe in einer Abwärtsspirale drehten.

Epheser 5,25:
Ihr Männer, liebt eure Frauen, gleichwie auch der Christus die Gemeinde geliebt hat und sich selbst für sie hingegeben hat

Joe: Als die Spirale, von der Stephanie schreibt, sich zu drehen begann, gab es kein Halten mehr. Der Missbrauch wurde schlimmer, alles wurde schlimmer. Stephanie berichtet, dass sie begann, sich woanders umzusehen. Es klingt so simpel, einfach zu sagen, dass sie Ehebruch beging und sich nach jemand anderem umsah, doch das ist eigentlich nicht so, wie es wirklich abgelaufen ist. Tatsächlich war es so: Je mehr Missbrauch ich in die Beziehung brachte, desto mehr verhärtete sie ihr Herz gegen mich, um sich vor weiteren Verletzungen zu schützen. Je mehr sie ihr Herz gegen mich verhärtete, desto mehr verhärtete sie ihr Herz gegen den Herrn. Das Wort Gottes fand keinen Zugang mehr zu ihrem Herzen. Sie hatte Menschen, die für sie beteten. Es gab Frauen, die versuchten, sie zu ermutigen, aber eine Menge von ihnen ermutigten sie auf die falsche Weise. Sogar innerhalb der Kirche gab es den Rat, lieber den Kerl loszuwerden und sich nach einem anderen umzusehen. „Gott hat jemand Besseres für dich..." Nun, Gott hatte jemand Besseres für sie: Gott wollte, dass ich durch Seine Kraft gerettet, befreit und geheilt wurde. Das war derjenige, den Gott für sie hatte. Doch durch den Missbrauch, unter dem sie litt und durch den Rat, den sie bekam, gab sie auf. Ich glaube nicht, dass ihr irgendjemand dies vorwerfen kann. Nur wer die Qual, die ich ihr bereitet habe, selbst durchgemacht hat, ist in der Lage, die Situation wirklich zu verstehen. Möglicherweise gibt es ähnliche Dinge in Ihrem Leben, durch die Sie hindurch müssen oder mussten. Wenn das so ist, dann verstehen Sie, was Gott für uns getan hat. Deshalb sind wir heute dabei, Ihnen zu erzählen, dass Jesus diese Dinge auch bei Ihnen heilen kann.

Stephanie: In *Jakobus 4,7* steht: *„So unterwerft euch nun Gott! Widersteht dem Teufel, so flieht er von euch".* Viele von uns verstehen vielleicht den ersten Teil der Schrift. Oder sie ignorieren ihn komplett. Man versucht, den Teufel dazu zu bringen, dass er flieht, aber man ordnet sich Gott nicht unter. Um ehrlich zu sein, gab es in unserer Ehebeziehung so manche Bereiche, in denen ich mich nicht völlig Gott untergeordnet habe. Ich erwartete einfach, dass Gott mir Antworten geben würde, obwohl ich nicht nur ungehorsam war, als ich Joe geheiratet hatte, sondern auch sonst hier und da auf meinem Weg mit dem Herrn.

Ich erwartete von Gott, dass Er das Chaos sofort behob. In dieser Gesellschaft erwarten wir von allem, dass es augenblicklich passiert. Wenn wir säen, ernten wir. Wir können aber nicht von Gott erwarten, dass Er uns ständig sofort aus unserem Chaos herausholt. Die Ursache für das, was passiert ist, ist das, was wir getan haben – daran müssen wir denken. Buße ist so wichtig. Ich denke, man kann den Ausdruck „sich unterordnen" mit „Buße tun" ersetzen. Tut Buße bei Gott, widersteht dem Teufel, so flieht er von euch – denn Buße tun ist ein Teil der Unterordnung. Unterordnung erfordert in den meisten Fällen Buße.

2. Chronik 7,14:
Und [wenn] mein Volk, über dem mein Name ausgerufen ist, demütigt sich, und sie beten und suchen mein Angesicht und kehren um von ihren bösen Wegen, dann werde ich vom Himmel her hören und ihre Sünden vergeben und ihr Land heilen.

Joe: Mit Stephanie ging es von da an bergab. Ich will nicht oberflächlich klingen, aber ich fand, meine Frau war eine liebe Person. Es gab Dinge, die ich in ihr sah, die ich wirklich liebte. Ich vermute aber, dass ich so lange gar nicht gewusst habe, dass ich diese Dinge liebe, bis sie anfingen, mir zu entgleiten. Ich begann zu erkennen, wie ihr Herz immer härter gegen mich wurde - und härter gegen Gott. Auch wenn es mich vorher nie wirklich gekümmert hatte, war es mir nun auf einmal wichtig. Mir dämmerte langsam, dass ich meine Frau verlieren würde. Ich würde meine Ehe und meine Kinder verlieren. An diesem Punkt begann ich, meinen Blick auf Gott zu richten. Es begann sich zu zeigen, dass sie mich nicht mehr liebte. Einmal sprach sie es direkt aus: „Ich liebe dich nicht mehr." Ich weiß noch genau, wie sie mir dies sagte. Was für ein harter Schlag war das für mich! Nicht nur für mein Herz und meinen Geist, sondern auch für mein Ego. Dass meine Frau mich nicht mehr liebte, war ein wahrhaft harter Schlag! An diesem Punkt schaute ich auf den Herrn und wurde tatsächlich gerettet. Ich bat Gott, in mein Herz zu kommen, ich bat Jesus Christus, mein persönlicher Retter zu sein. Ich glaube nicht, dass ich den vollen Umfang dessen erfasste, was dies für mein Leben bedeutete. Ich begann, mich mit Gottes Wort zu beschäftigen, wenn auch meist durch christliche Radiosendungen und hier und da ein wenig durch christliche Fernsehprogramme. Gottes Wort begann in mein Herz zu fallen. Wir wissen, dass das Wort des Herrn nie leer zurückkehrt – und genau so war es auch bei mir.

Jesaja 55,11:
Genau so soll auch mein Wort sein, das aus meinem Mund hervorgeht: Es wird nicht leer zu mir zurückkehren, sondern es wird ausrichten, was mir gefällt, und durchführen, wozu ich es gesandt habe!

Philipper 1,6 (Elberfelder Übersetzung):
Ich bin ebenso in guter Zuversicht, dass der, der ein gutes Werk in euch angefangen hat, es vollenden wird bis auf den Tag Christi Jesu.

Stephanie: Zuerst fühlte es sich für mich so an, als würde Joe nun meinen ganzen christlichen Hintergrund für seine Zwecke ausnutzen. Ich fühlte mich, als würde er die Bibel an meinen Kopf halten – auf dieselbe Weise wie er die Waffe an meinen Kopf gehalten hatte. Es fühlte sich an, als benutzte er die Bibel, um mich zu beherrschen. In Wirklichkeit aber hatte er tatsächlich damit begonnen, Gott zu suchen und Sein Wort zu hören. So oft hatte ich in der Vergangenheit versucht, sein Interesse zu wecken und ihn dazu zu bringen, mit mir zur Kirche zu gehen, was er ab und zu auch tat. Aber diesmal war es echt.

Vor dieser Veränderung, glaube ich, hatte er sein Herz vollkommen ausgeschaltet. Er hat auf gar nichts gehört. Vielleicht fiel das ein oder andere Samenkorn in sein Inneres, aber sein Herz war hart und er lehnte das Wort ab. Dann wandte er sich dem christlichen Fernsehen zu, hörte christliche Radiosendungen und ab einem gewissen Punkt, begann er sogar, meine Kirche zu besuchen. Zu der Zeit ging ich selbst allerdings schon nicht mehr zur Kirche. Als er anfing, seinen Sinn zu erneuern, begann eine Veränderung in ihm. Ich glaube, zuerst hatte er vor, mich dadurch zu manipulieren. Joe dachte, okay, sie war immer religiös. Er verstand nicht wirklich, was eine persönliche Hingabe an Jesus bedeutete, aber er suchte. Als er zur Kirche ging und das Wort hörte, hatte er eine Leere im Herzen. Er begriff, dass ihm etwas in seinem Leben fehlte. Er wurde wirklich und wahrhaftig gerettet. Es war kein Machtmittel mehr, um mich auf der Spur halten zu können.

Joe: Ich kann mich an etliche Male erinnern, in denen ich frustriert war. Ich fühlte nur Verletzungen und Schmerz. Zu wissen, dass sie mich nicht mehr liebte, war sehr schwierig. Es war sehr schwer mit der Tatsache umzugehen, dass sie möglicherweise eine Scheidung anstrebte. Lauter solche Dinge gingen mir im Kopf herum. Ich bat Jesus, mir zu helfen. Ich bat Ihn, mir im Herzen Frieden zu schenken. „Bitte, lass mich den Schmerz nicht mehr fühlen." Als ich innehielt und mich darauf besann, Ihn um diese Dinge zu bitten, antwortete Er auf meine Gebete. Meine Beziehung zu Jesus begann jetzt wirklich zu wachsen. Ich sah, dass ich Ihm wirklich wichtig war und dass Er mir zuhörte. Er würde mir in allem helfen, egal was geschah. Ich fing an, zu glauben, dass meine Ehe geheilt werden könnte, auch wenn alle Umstände den Eindruck machten, dass dies nicht wahr werden könnte. Es graute mir, an die Umstände zu denken. An alles was wir durchmachten und auch an den Missbrauch der Vergangenheit.

Hebräer 11,1:
Es ist aber der Glaube eine feste Zuversicht auf das, was man hofft, eine Überzeugung von Tatsachen, die man nicht sieht.

Psychologen und Psychiater sagten uns: „Das könnt ihr vergessen. Es ist unmöglich, das zu überwinden, was ihr einander angetan habt." Das waren nicht nur weltliche Psychologen, sondern auch christliche Psychologen erklärten uns das. Gottes Wort aber war voller Kraft. Ich fing an, Gottes Wort zu glauben und zu glauben, dass Er sich um meine Familie und unsere Beziehung kümmerte, weil wir Ihm wichtig waren. Stephanie hingegen glaubte nicht, dass Er unsere Familie heilen könnte oder dass ich mich ändern würde. Ich begann mit der geistlichen Kriegsführung, die nötig war. Jeder sagte mir: „Es ist ihr freier Wille und sie muss nicht zurückkommen, wenn sie es nicht will." Doch warum beten wir für Menschen, dass sie gerettet werden? Sie werden nicht gerettet, wenn sie es nicht wollen, aber wir beten einfach weiter für sie.

Wir beten für unsere Lieben. Wir beten um Gottes Willen. Wir beten, dass Gott die Umstände dazu benutzt, ihre Herzen weich zu machen. Eben so begann ich zu beten. Die Bibel sagt in *Sprüche 21,1*:
Gleich Wasserbächen ist das Herz des Königs in der Hand des HERRN; Er leitet es, wohin immer Er will. Das war es, wofür ich betete: Ich betete, dass Gott Stephanies Herz nehmen und es wieder zu Ihm hinziehen sollte.

Stephanie: Gott behält ultimativ die Kontrolle, egal wie wir unsere Leben in Unordnung bringen. Wenn wir es Ihm erlauben, Ihm das Recht dazu einräumen, einzugreifen, wird Er es tun. Wir müssen alles vor Ihm ablegen, das ist entscheidend, alles vor Ihm ablegen und es Gott wieder aufsammeln lassen.

Solange Sie die Dinge in der Hand behalten und versuchen, sie selber wieder in Ordnung zu bringen, wird nichts in Ordnung kommen. Legen Sie alles einfach auf Seinen Altar und sagen Sie: „Also gut, Gott, ich kann meine Ehe nicht zum Laufen bringen, sie nicht reparieren, aber Du kannst es." Er weiß es besser. Er kennt Ihren Ehepartner besser als Sie. Er kennt sogar Sie besser als Sie sich selbst kennen. Als ich die Veränderung in Joe bemerkte, dachte ich zuerst, er sei total verrückt geworden und sie sollten ihn in eine Anstalt einsperren. Ich fand ihn total fanatisch. Zu diesem Zeitpunkt war mein Herz Gott gegenüber hart geworden. Joe hielt mir die Bibel unter die Nase und servierte mir Schriftstellen. Ich dachte, dieser Typ ist völlig durchgeknallt. Bei dem sind ein paar Schrauben locker. Sie sollten ihn wirklich wegschließen. Gleichzeitig hatte ich aber noch mehr Angst, denn ich ging davon aus, dass er nun noch gefährlicher sein könnte. Man kennt Geschichten von religiösen Fanatikern, die irgendwann ausrasten. Ich dachte ehrlich, er wäre durchgedreht. Eines Tages sah ich, dass Joe sich Jesus auslieferte – und nicht nur, wie er mir die Heilige Schrift zitierte. Ich konnte wirklich eine Veränderung in seinem Leben sehen. Ich konnte sehen, dass der Herr damit begann, ihn umzuwandeln. Es schien echt zu sein. Zuerst war es das nicht. Ich hatte eine gerichtliche Kontaktsperre für ihn erwirkt. Ich hatte die Scheidung beantragt. Als ich anfangs Kontakt mit ihm hatte, verlor er manchmal die Beherrschung und wurde zornig. Also dachte ich: „Nun ja, er hat sich nicht verändert. Er spinnt jetzt noch mehr als vorher. Der ist nicht zu knacken." Ein Jahr verging und bald ein zweites und ich sah eine wahrhaftige Veränderung. Eine anhaltende Veränderung. Es war eine wirkliche Herzensveränderung, die in ihm stattgefunden hatte. Ich versuchte, ihn zu provozieren, um zu sehen, wie er reagieren würde. Doch er reagierte nicht. Der Friede Gottes war in seinem Herzen. Die Umstände überwältigten ihn nicht, er vertraute auf Gott.

Joe: Das Kontaktverbot, von dem Stephanie berichtet, war irgendwie lustig, wenn so etwas überhaupt „lustig" sein kann. Es gab also dieses Kontaktverbot, aber wir konnten miteinander reden. Ich konnte hinüber in das Haus gehen, so lange Stephanie mir dafür ihr Okay gab. Alles, solange Stephanie sich damit gut fühlte. Doch sobald das nicht mehr der Fall war, musste ich gehen.

Ich erinnere mich an eine spezielle Begebenheit während der Zeit, in der wir getrennt lebten. Stephanie wohnte in unserem Haus. Ich tauchte bei ihr auf und an der Tür gerieten wir in Streit. Stephanie sagte mir, ich sollte gehen. Ich ging und Stephanie rief die Polizei. So wartete ich als Denver-Polizist auf die Westminster Polizei, dass sie mich verhaften würde. Das hätte schon recht peinlich sein können. Ich verließ also das Haus und dachte dabei: „Oh, Jesus, Du musst mir helfen. Ich darf nicht gefeuert werden! Wenn ich gefeuert werde, habe ich keinen Job mehr, um meine Familie zu versorgen, wenn wir wieder zusammen kommen." Ich weiß noch, wie ich in meinem Auto saß und in den Rückspiegel schaute. Als ich die Straße hinab blickte, sah ich die beiden Westminster-Polizeiautos. Sie fuhren direkt an meiner Straße vorbei. Ich dachte: „Das ist großartig – Gott hat sie blind gemacht." Sie konnten unser Haus nicht finden! Und das gab mir genug Zeit, um von dort weg zu kommen. Im Rückblick weiß ich, Gott beschützte mich. Er wusste, dass Er bei mir sein musste, um mich zu beschützen. Es gab alle möglichen Situationen, in denen wir Gottes Hand über unserem Leben sahen. Gott bewies immer wieder, dass Sein Wort wahr war.

Ich denke an eine andere Situation, in der Stephanie und die Kinder umgezogen waren. Sie lebten mit dem „Fremden" zusammen, wie ich ihn nannte. Stephanie sagte: „Das war's jetzt. Ich werde diesen anderen Mann heiraten." Ich war zu der Zeit in unserem Haus, in unserem Zuhause, und sie und die Kinder waren dort in der Wohnung des „Fremden". Ich dachte: „Mann, ich kann damit nicht umgehen, Gott. Gott, Du hast mich errettet und mich von so viel befreit. Wieso geht das immer weiter? Warum kann sie nicht sehen, dass ich anders geworden bin und warum können wir nicht zusammen sein?" Während ich betete, rief ich ihren Namen: „Stephanie, Stephanie." Und dann kam der Feind mit Selbstmordgedanken. Die dämonische Bedrängnis war so schwer, dass irgendetwas passieren musste, bevor ich weitermachen konnte. Ich beschloss, mich umzubringen. Ich konnte alles nicht länger ertragen. Ich erinnere mich, wie ich auf meinem Bett saß, meine Waffe nahm und sie in meinen Mund hielt. Dabei dachte ich: „Das war's. Ich werde es tun und dann ist alles vorüber. Dann werde ich diesen Schmerz nicht mehr spüren." Und doch dachte ich, ich müsste ihr noch eine letzte Chance geben. Ich musste noch ein letztes Mal mit ihr sprechen. Ich stand auf und nahm das Telefon. Ich begann die Nummer von dort zu wählen, wo sie war. Es gab keinen Wählton. Doch ganz plötzlich hörte ich ihre Stimme am anderen Ende und wie sie „Hallo, Hallo" sagte. Das war wirklich seltsam. Ich sagte „Hallo" und fragte: „Wie kommst du hier ans Telefon, obwohl es überhaupt noch gar nicht geklingelt hat?" Sie sagte: „Wieso gehst du nicht ans Telefon? Ich hab versucht, dich anzurufen, aber keiner hat abgehoben." Nun, ich hatte leider nicht gewusst, dass der Klingelton am Telefon ausgestellt gewesen war. Die ganze Zeit, während ich so Schlimmes durchgemacht hatte, hatte sie versucht, mich anzurufen. Man mag vielleicht denken, dass dies ein Zufall war, aber ich bin sicher, dass in Wirklichkeit Gott mein Leben gerettet hat. Ich bat Stephanie, doch bitte nach Hause zu kommen, um alles zu klären. „Wir können dies klären. Ich schere mich nicht um das, was zwischen uns gewesen ist; Gott kann es tun!" Dann sagte sie: „Darf ich dir eine Frage stellen? Hast du meinen Namen gerufen?"

<u>Stephanie</u>: Ich hörte tatsächlich akustisch, wie Joe dreimal laut meinen Namen rief. Es lag wohl eine Distanz von fünfundzwanzig

Meilen zwischen uns beiden. Auf natürliche Weise gab es also keinen Weg, dass ich Joe hätte hören können. Es war etwas Übernatürliches, das Gott hier erlaubte. Ich hatte Gottes Wort aus 1. Mose nie verstanden, wo es heißt, dass Gott die beiden zu einem Fleisch machte, Gebein vom Gebein des anderen und Fleisch vom Fleisch des anderen. In diesem Moment erlebten wir, was „ein-Fleisch-sein" bedeuten konnte. Gott machte es möglich, dass alle Mauern und Verhärtungen und die Entfernung einfach zusammenbrachen. Gott ließ mich hören, wie das Herz meines Ehemannes nach mir schrie.

Erst nach all den Jahren und nach der Heilung, die wir erlebt haben, erkenne ich voller Dankbarkeit, was in jener Nacht geschehen ist. Ich erkenne die Gnade Gottes. Er hat mich Joes Herz hören lassen, um mich zu retten und mich zur Umkehr zum Herrn zu bringen. Außerdem hatte Gott mich seine Stimme hören lassen, damit Joe sich nicht das Leben nahm. Er hatte uns doppelt beschützt. Gott sorgte für unsere „Ein-Fleisch-Beziehung".

1. Mose 2,24:
Darum wird ein Mann seinen Vater und seine Mutter verlassen und seiner Frau anhängen, und sie werden ein Fleisch sein.

Unsere „Ein-Fleisch-Beziehung" ist eine Beziehung, die uns mit Körper, Seele und Geist verbindet und uns zu einer Einheit macht.

Epheser 5,30-32:

Denn wir sind Glieder seines Leibes, von seinem Fleisch und von seinem Gebein. »Deshalb wird ein Mann seinen Vater und seine Mutter verlassen und seiner Frau anhängen, und die zwei werden ein Fleisch sein«. Dieses Geheimnis ist groß; ich aber deute es auf Christus und auf die Gemeinde

<u>Joe</u>: Nun preise ich Gott, dass Jesus tat, was Er für uns tat! Wir wissen, dass Er diese Dinge auch für Sie tun kann und will. Gottes Wort ist wahr.

Ich erinnere mich, wie ich diese Schriftstelle aus *1. Korinther 7,4* benutzte: *Die Frau verfügt nicht selbst über ihren Leib, sondern der Mann; gleicherweise verfügt aber auch der Mann nicht selbst über seinen Leib, sondern die Frau.*
Ich ging davon aus, dass, wenn ich die Verfügungsgewalt über den Körper meiner Frau hatte, der „Fremde" sie nicht bekommen konnte. Ich musste sie haben und ich glaubte dieser Bibelstelle. Ich weiß, dass mancher dies jetzt liest und sich sagt: „Nun das geht jetzt doch ein bisschen zu weit." Aber an diesem Punkt, glaube ich, kümmert es mich nicht, was andere denken, weil ich weiß, dass Gottes Wort wahr war und wahr ist. Es tat etwas für uns. Es ging nicht darum, das Wort zu kennen, sondern darum, das Wort zu glauben.

Römer 10,17 (NeÜ):
Der Glaube kommt also aus dem Hören der Botschaft und die Verkündigung aus dem Wort von Christus.

Ich musste geistliche Kriegsführung betreiben. Ich musste den Schriften glauben. Ich las das Buch Hosea in der Bibel durch. Ich erkannte Gottes Herz für Ehe. Hoseas Geschichte erzählt von seiner Liebe für seine Ehefrau Gomer. Ich erkannte, wie Gottes Herz für unsere Ehe aussah. Ich musste glauben, dass Gottes Kraft stark genug dafür war, unsere Ehe zu heilen. Ich weiß noch, wie es war, als Stephanie nach der Situation, in der sie meine Stimme gehört hatte, nach Hause kam. Sie tat es aus Gehorsam Gott gegenüber. Es war nötig, dass wir Gottes Wort gehorsam waren und dadurch begann Gott damit, unsere Ehe zu heilen. Damit startete der Heilungsprozess. Heilung wurde dadurch freigesetzt.

Stephanie: Zwei Wochen waren nach dem Vorfall vergangen, wo ich Joe meinen Namen htte rufen hören. Ich hatte überhaupt keinen Frieden mehr in meinem Herzen. Der Heilige Geist hörte nicht auf, mich zu drängen und zu überzeugen, denn ich wollte absolut nicht nach Hause kommen, weil ich scheinbar diesen anderen Mann so liebte. Inzwischen wissen wir, dass Ehebruch niemals Liebe sein kann, weil Gott die Liebe ist. Ich fühlte überhaupt nichts für Joe. Er tat mir zwar leid, aber ich hatte kein Liebesgefühl für ihn, aber ich fühlte die Überzeugungskraft des Heiligen Geistes. Und schließlich siegte diese Überzeugungskraft über mein eigenes Fleisch. Die Macht Satans, die dämonische Unterdrückung, die nach wie vor auf mir lastete, musste weichen.

Ich erinnere mich, wie ich all meine Sachen und die der Kinder in das Auto packte, während dieser andere Mann bei der Arbeit war. Mir war klar, dass ich nach Hause zurückkehren musste, wenn ich mein Leben mit Gott in Ordnung bringen wollte. Allerdings erschien mir das ziemlich unmöglich. Meine Gefühle waren so durcheinander. Das Fleisch regierte. Mein geistlicher Mensch war völlig abgestorben. So setzte ich also die Kinder ins Auto und fuhr auf dem Highway nach Hause. Auf dieser Rückfahrt hatten wir fast einen tödlichen Unfall. Ich bin überzeugt, dass es ein tödlicher Unfall gewesen wäre. Ein Auto vor mir kam ins Schleudern. Gott war da und bewahrte mich. Ich glaube, dies war ein letzter verzweifelter Versuch von Satan, mein Leben und das der Kinder zu zerstören, noch bevor ich zu Hause angekommen war. Als ich dann zu Hause ankam und in dem Haus war, dachte ich: „Was mache ich hier? Ich liebe ihn nicht! Ich liebe diesen anderen Mann. Ich will nicht hier sein. Aber ich weiß, dass ich in Sünde lebe. Ich will mein Leben in Ordnung bringen!" Ich schrie zu Gott: „Gott, ich liebe Joe nicht, aber irgendwie vertraue ich Dir, dass Du das richtig machen wirst."

Die ersten fünf, sechs, sieben Monate waren wirklich hart. Es gab eine enorme Barriere zwischen Joe und mir. Ich begann, meine Beziehung zum Herrn wiederherzustellen und begann, mein Herz wieder in Ordnung zu bringen.

Joe: Ich wusste, dass Stephanie mich nicht mochte. Sie sagte sogar, dass sie mich nicht liebte. Sie hasste mich zu der Zeit wirklich abgrundtief. Ich wusste das, und Sie können mir glauben, dass es sich damit schwer leben ließ. Und genauso wusste ich, dass Gottes Wort wahr war. Ich glaubte fest, dass Gott uns Liebe geben und uns zurück in unsere Beziehung bringen würde. Aber eigentlich brauchten wir etwas ganz Neues. Wir wollten nicht mehr das, was wir einmal hatte, denn ich glaube, das hatte nie wirklich auf Liebe beruht. Nun waren wir wieder zusammen, aber ich weiß genau, dass ich Stephanie nicht wirklich traute. Wir hatten all diese Dinge durchlebt, den Missbrauch, das Leid, in das ich sie gestürzt hatte. Ihr konnte ich wegen des Ehebruchs nicht trauen. Ich vertraute einfach nicht, dass dies nicht mehr vorkommen würde, nur dass ich nicht nur ihr misstraute, sondern auch Gott.

Nach einigen Monaten kamen wir an einen Punkt, wo wir wieder anfingen, uns auseinanderzuleben. Und wir trennten uns tatsächlich erneut. Der Herr zeigte mir, wie sehr ich Stephanie zerstört hatte. Nie werde ich vergessen, wie Er mir das Bild einer Blume zeigte –

ich sehe dieses Bild noch immer vor mir. Sie war lila und weiß und gelb und Er zeigte mir, wie ich diese Blume zerquetscht hatte. Er zeigte mir, dass Stephanie diese Blume war. Bisher war ich noch nicht zu Gott gegangen und hatte Ihn gebeten, mit der Heilung unserer Beziehung zu beginnen. Ich weiß noch, wie wir zusammen lebten und bemüht waren, uns gemeinsam Dinge zurückzuerobern. So gingen wir die ganze Zeit gemeinsam zur Kirche, besuchten jedes Treffen, das wir besuchen konnten, lasen in der Bibel. Wir hörten uns Kassetten über Ehe an. Wir dachten, dass wir auf dem richtigen Weg waren, aber in Wirklichkeit waren wir das kein bisschen. Wir hatten nach wie vor keine Einheit. Wir haben uns nicht innig ausgetauscht und Gottes Wort in uns Sein Werk tun lassen. Ich ließ nicht zu, dass Gott Dinge tun durfte, die meine eigene Beziehung zu Ihm gestärkt hätten. Zu diesem Zeitpunkt, glaube ich, dass ich unsere Ehe tatsächlich zu einem Götzen gemacht hatte. Ich verehrte Stephanie. Ich verehrte die Ehebeziehung mehr als Gott. Ich ließ Ihn nicht hinein und nicht die Dinge tun, die Er tun wollte.

Stephanie: In *Jeremia 29,11* sagt uns die Bibel: *„Denn ich weiß, was für Gedanken ich über euch habe, spricht der HERR, Gedanken des Friedens und nicht des Unheils, um euch eine Zukunft und eine Hoffnung zu geben."* Joe beschreibt, dass er Gott nicht vertraute. Ihm fehlte der Friede Gottes, um zu wissen, dass Gott das Beste für ihn wollte. Gott konnte sich besser um mich kümmern als Joe dies konnte. Joe konnte wegen des Versagens in unserer Ehe nicht vertrauen. Wegen der Enttäuschungen, die bei uns da waren. Wegen all der Dinge, die wir einander angetan hatten. Es war schon hart für ihn, überhaupt Gott zu vertrauen. Aber er kam an den Punkt, wo er Gott vertraute und alle Ansprüche und Rechte an mich aufgab und mich dem Herrn überließ. Als dies passierte, begannen die Dinge sich zu verändern.

Joe: Wir fingen an, uns tatsächlich miteinander zu verbinden. Endlich hatten wir eine „Ein-Fleisch-Beziehung". Wir fingen an, mehr und mehr geheilt zu werden und suchten Hilfe in der Seelsorge. Nun waren wir auf dem richtigen Weg. Wir begriffen langsam, um was es beim Ehebund ging, was „ein Fleisch" alles sein konnte. Und dann begann unsere wirkliche Heilung. Gottes Wort konnte nun wirklich etwas in unseren Leben ausrichten. Unsere Beziehung wurde lebendig. Das hatten wir uns gewünscht. Natürlich waren wir wahrscheinlich unterschiedlicher als jeder andere, aber als Gott damit begann, in unserem Leben zu handeln, konnten wir auf einmal Dinge auf die gleiche Weise sehen. Wir erkannten, dass Gott einen Plan hatte. Gott war da und Er benutzte jeden von uns auf unterschiedliche Weise, um Sein Ziel zu erreichen.

Stephanie: In *Jesaja 43,18-19* heißt es: *„Gedenkt nicht mehr an das Frühere und achtet nicht auf das Vergangene! Siehe, ich wirke Neues, jetzt sprosst es hervor; solltet ihr es nicht wissen? Ich will einen Weg in der Wüste bereiten und Ströme in der Einöde."*
Das ist wirklich das, was Gott für uns getan hat. Unsere Vergangenheit, unsere alte Natur, die Verletzungen und den Schmerz nahm Er von uns weg. Er gab uns nach und nach eine neue Vision und eine neue Hoffnung für unsere Ehe. Wir waren nun in der Lage, einander zu vergeben und uns selbst zu vergeben.

2. Timotheus 2,21 (NeÜ):
Wer sich nun von Menschen fernhält, die Abfallbehältern gleichen, wird ein Gefäß sein, das ehrenvollen Zwecken dient, das heilig ist, dem Hausherrn nützt und zu jedem guten Werk bereitsteht.

Psalm 103,12:
so fern der Osten ist vom Westen, hat er unsere Übertretungen von uns entfernt.

Joe: Weiter oben haben wir erzählt, dass alle Psychologen und Psychiater gesagt hatten, dass es für uns keine Hoffnung gab. Sie sagten uns, dass wir niemals über die Dinge hinwegkommen würden, die wir einander angetan hatten. Aber das Blut Jesu, das für uns vergossen worden ist, konnte dies tun. Er machte uns rein und so weiß wie Schnee. Er gab uns die Unschuld zurück. Es fühlte sich für uns so an, als hätte es den Ehebruch und die Sünde noch vor unserer Ehe nie gegeben. Wir konnten uns einander gegenüber so verhalten, als wären diese Dinge nie passiert. Nur Gott konnte dieses Wunder vollbringen. Dafür geben wir Ihm hier und jetzt die Ehre und sind hier, um zu sagen, dass Er alles, was Er für uns getan hat, auch für Sie tun wird.

Offenbarung 12,11:
Und sie haben ihn überwunden um des Blutes des Lammes und um des Wortes ihres Zeugnisses willen und haben ihr Leben nicht geliebt bis in den Tod!

Die meisten Leute haben von der Geschichte von David und Goliath gehört. Wir möchten Sie wissen lassen, dass – egal wie die Situation aussieht, in der Sie sich gerade befinden – Gott für Sie da ist, wie Er für David da war. Goliath quälte die Israeliten gerade so wie der Teufel es versucht mit unseren Ehen zu tun. Wir müssen mit dem Teufel also so umgehen, wie David mit Goliath umging. In *1. Samuel 17 ab Vers 42* sagt die Bibel: *„Und der Philister kam auch daher und näherte sich David, und sein Schildträger ging vor ihm her. Als nun der Philister den David sah und anschaute, da verachtete er ihn; denn er war ein Knabe, rötlich und von schöner Gestalt."*

Der Feind möchte, dass wir alle denken, wir wären Nichtse, nichts in den Augen der Menschen, nichts in den Augen Gottes und dass wir glauben, grundsätzlich nicht gut zu sein. Doch wir sind weit mehr, als der Teufel uns glauben machen will. Wir sind nämlich etwas, das Gott geschaffen hat und Gott schätzt uns sehr! Er hat ein Ziel mit uns. *„Und der Philister sprach zu David: Bin ich denn ein Hund, dass du mit Stöcken zu mir kommst? Und der Philister fluchte David bei seinen Göttern. Und der Philister sprach zu David: Komm her zu mir, ich will dein Fleisch den Vögeln des Himmels und den Tieren des Feldes geben! David aber sprach zu dem Philister: Du kommst zu mir mit Schwert und mit Speer und mit Wurfspieß; ich aber komme zu dir im Namen des HERRN der Heerscharen, des Gottes der Schlachtreihen Israels, die du verhöhnt hast! An diesem heutigen Tag wird dich der HERR in meine Hand ausliefern."*

Und dies ist der Grund, warum es dieses Büchlein gibt und warum wir unser Zeugnis geben so oft wie möglich und an so vielen Orten wie möglich: um umzukehren, was der Feind gegen uns benutzt hatte. Wenden Sie es gegen ihn und Gott möge Ihr Leben und Ihr Land heilen.

„Und es geschah, als sich der Philister aufmachte und daherkam und sich David näherte, da eilte David und lief der Schlachtreihe entgegen, auf den Philister zu." Eben das müssen wir tun. Wir müssen dem entgegenstürmen, was auch immer der Goliath in unserem Leben ist. Ob das nun Krankheit ist, emotionaler Druck

oder eine finanzielle Katastrophe. Wir müssen dem Problem mit Gottes Wort entgegenstürmen und werden den Feind besiegen.
"Und David streckte seine Hand in die Tasche und nahm einen Stein heraus; und er schleuderte und traf den Philister an seine Stirn, sodass der Stein in seine Stirn drang und er auf sein Angesicht zur Erde fiel.

So überwand David den Philister mit der Schleuder und mit dem Stein, und er erschlug den Philister und tötete ihn." Und nun kam der wahre Sieg, den David errang: Er ergriff dasselbe Schwert, das gegen ihn gerichtet gewesen war, und setzte es gegen den Feind ein: *"Und weil David kein Schwert in seiner Hand hatte, lief er und trat auf den Philister und nahm dessen Schwert und zog es aus der Scheide und tötete ihn und schlug ihm damit den Kopf ab. Als aber die Philister sahen, dass ihr Held tot war, flohen sie."*
An dieser Stelle sagen wir Ihnen, dass Sie alles, was der Feind je in Ihrer Ehe angerichtet hat, in die Hand nehmen und gegen ihn verwenden können. Sie können das Schwert des Feindes, das die Sünde ist, die Sie zerstört hat, nehmen und durch ihr Zeugnis nun gegen den Feind einsetzen. Nun allerdings ergreifen Sie Gottes Schwert, welches Sein Wort ist und Seine Erlösung, um Heilung in Ihnen und in anderen zu erleben. Wir beten, dass Gott Ihre Ehe segnen möge.

Der Gott Israels, derselbe, der unser Land geheilt hat, wird auch Sie heilen. Lassen Sie Ihn wirken!

Stephanie: Schauen Sie nicht auf die Umstände, sondern über sie hinweg. Und seien Sie gewiss, dass Gottes Macht alles kann. Er ist bereit, Sie zu heilen. Gott möchte Ihnen wiedergeben, was immer Satan Ihnen gestohlen hat. In *2. Korinther 1,4* sagt die Bibel: *„... der uns tröstet in all unserer Bedrängnis, damit wir die trösten können, die in allerlei Bedrängnis sind, durch den Trost, mit dem wir selbst von Gott getröstet werden."*
Wir haben Ihnen berichtet, dass Gott Wunderbares in unserem Leben getan hat. Wir haben geschrieben, dass Gott Sie mit demselben Trost trösten wird, mit dem Er auch uns getröstet hat. Wir setzten Ihnen den Glauben frei, dass Gott dieses für Sie tun wird.

Joe: Amen. In *Jeremia 32,39* lesen wir: *„Und ich will ihnen ein Herz und einen Wandel geben, dass sie mich allezeit fürchten, ihnen selbst zum Besten und ihren Kindern nach ihnen. Und ich will einen ewigen Bund mit ihnen schließen, dass ich nicht von ihnen ablassen will, ihnen wohlzutun. Und ich werde die Furcht vor mir in ihr Herz geben, damit sie nicht mehr von mir abweichen, und damit ich mich über sie freuen kann, ihnen wohlzutun; und ich werde sie einpflanzen in dieses Land in Wahrheit, mit meinem ganzen Herzen* *und mit meiner ganzen Seele."* Wir segnen Sie heute im Namen Jesu!

Ihre Antworten finden Sie bei Ihm. Wir alle sind Überwinder. Er gibt uns Hoffnung.

Epheser 1,7:
„In ihm haben wir die **Erlösung** durch sein Blut, die Vergebung der Übertretungen nach dem Reichtum seiner Gnade."

Das Zeugnis der DeMott's bringt jeder Ehe Hoffnung und Ermutigung und sie dienen Ehepaaren, durch Lehre, Prophetie und die eigene Transparenz. Joe und Stephanie haben ihre Geschichte bei **700 Club**, **TBN's Praise the Lord-Show** und in vielen anderen christlichen Fernseh- und Radiosendungen erzählt.

Joe und Stephanie sind seit 1975 verheiratet und haben vier erwachsene Kinder und sechs Enkelkinder. Joe ist pensionierter Kriminalbeamter, der 30 Jahre lang bei der Polizei in Denver im Dienst war, und davon 11 Jahre lang im Morddezernat tätig gewesen ist. Die DeMott's sind 1986 zum Eheberatungsdienst berufen worden und haben überall in den USA gedient, sowie in Äthiopien, Dänemark, Schweden, Italien, Schottland, in der Schweiz, in Singapur, Deutschland und England. Zuletzt in Kuba. Außerdem dienen die DeMott's in Pakistan und der Ukraine durch online Breakthrough Meetings.

Viele Staaten haben bereits Kontakt mit den DeMotts aufgenommen und sie sind dabei, Konzepte zu entwickeln, um auch in diesen Ländern dienen zu können.

Bitte nehmen Sie wegen weiterer Hilfsmittel oder Beratung in Ihrer Ehe Kontakt mit uns auf

PO BOX 7832
Broomfield, Colorado 80021
Office: 303-465-0342
Cell: 720-351-6211
info@missionaries2marriages.com
www.missionaries2marriages.com
Außerdem finden Sie uns auf Facebook und Youtube und auf unserer Website.

Sie können auf unserer Homepage auch spenden. Wir wären für Ihre Spende sehr dankbar und wenn Sie auf diese Weise mit uns zusammenarbeiten, werden Sie dazu beitragen, dass Ehepaare und Familien auf der ganzen Welt berührt werden.

2. Korinther 8,23:
Was Titus betrifft, so ist er mein Gefährte und Mitarbeiter für euch; unsere Brüder aber sind Gesandte der Gemeinden, eine Ehre des Christus.

www.ingramcontent.com/pod-product-compliance
Lightning Source LLC
Chambersburg PA
CBHW052131110526
44592CB00013B/1832